健身私人教练系列

篮球私人教练100课

健身私人教练编写组　编

化学工业出版社
·北京·

图书在版编目（CIP）数据

篮球私人教练100课/健身私人教练编写组编. —北京：化学工业出版社，2015.7（2024.11重印）
（健身私人教练系列）
ISBN 978-7-122-24023-1

Ⅰ.①篮… Ⅱ.①健… Ⅲ.①篮球运动-基本知识 Ⅳ.①G841

中国版本图书馆CIP数据核字（2015）第106204号

责任编辑：宋　薇	装帧设计：张　辉
责任校对：王　静	

出版发行：化学工业出版社（北京市东城区青年湖南街13号　邮政编码 100011）
印　　装：北京虎彩文化传播有限公司
850mm×1168mm　1/32　印张 4$\frac{1}{2}$　字数 136千字　2024年11月北京第1版第8次印刷

购书咨询：010-64518888　　　　　　　　售后服务：010-64518899
网　　址：http://www.cip.com.cn
凡购买本书，如有缺损质量问题，本社销售中心负责调换。

定　　价：25.00元　　　　　　　　　　　　　　　　版权所有　违者必究

篮球运动深受广大运动爱好者推崇，除了强身健体等功效外，通过篮球技能的学习，还可以有效培养参与者的反应力、计划性、坚韧的意志品质和精诚合作的团队精神。

《篮球私人教练100课》与你分享的内容包括：投篮、护球、运球、移动步法、传接球、抢断球、假动作、突破技术等篮球运动的基本技术和战术指导，同时还对篮球体育加试的细节进行了剖析，对最新版篮球规则进行了解读。

《篮球私人教练100课》希望帮你达成的篮球梦想是：

学会打篮球；

能够打好篮球；

可以看懂篮球比赛；

体育加试中能得到高分。

目录
CONTENTS

Part 1 投篮
1. 持球的方法 / 2
2. 持球的位置 / 3
3. 单手投篮的手臂姿态 / 4
4. 投篮的准备姿势 / 5
5. 瞄准篮筐的方法 / 6
6. 投篮的弧度 / 7
7. 单手投篮 / 8
8. 双手胸前投篮 / 10
9. 行进间单手投篮 / 11
10. 行进间单手低手上篮 / 13
11. 勾手投篮 / 14
12. 篮下突破反手上篮 / 15
13. 投三分球 / 17

Part 2 护球和无球防守
1. 胸前护球 / 22
2. 脚踝侧护球 / 23
3. 膝侧护球 / 24
4. 胯下护球 / 25
5. 头上护球 / 26
6. 腰间护球 / 27
7. 无球站立防守 / 28
8. 无球滑步防守 / 29

Part 3 运球
1. 持球的基本姿势 / 32
2. 高运球 / 33
3. 低运球 / 34
4. 换手运球 / 35
5. 转身运球 / 37
6. 胯下运球 / 38
7. 背后运球 / 40

Part 4 移动步法练习
1. 双脚跳 / 44
2. 单脚跳 / 45
3. 跨步急停 / 47
4. 跳步急停 / 48
5. 从前向后转身 / 49
6. 从后向前转身 / 50
7. 侧身跑 / 51
8. 滑步 / 52
9. 后撤步 / 54

Part 5 传接球
1. 传球接球的手形 / 58
2. 双手胸前传球 / 59
3. 头顶传球 / 61
4. 头顶跳起传球 / 62
5. 反弹传球 / 63
6. 长传球 / 64
7. 勾手传球 / 66
8. 背后传球 / 67

9. 双手胸前接球 / 68
10. 摆脱接球 / 70

Part 6 抢球和断球
1. 转身抢位接球 / 74
2. 抢篮板球 / 75
3. 断球 / 76
4. 抢球 / 78
5. 打断球 / 80

Part 7 假动作和突破
1. 球的假动作 / 84
2. 身体的假动作 / 86
3. 脚部假动作 / 88
4. 综合应用假动作 / 89

Part 8 突破技术
1. 转身突破 / 92
2. 顺步突破 / 94
3. 交叉步突破 / 96

Part 9 体育加试特别指导
1. 考试路线安排 / 100
2. 考试器械要求 / 100
3. 评分标准 / 100
4. 违规判定 / 101

5. 标志杆和替代物 / 101
6. 身体素质训练 / 102
7. 柔韧度和协调性练习 / 102
8. 熟悉球性 / 102
9. 双手拨球 / 103
10. 环绕身体交接球 / 104
11. 8字绕环 / 106
12. 双手过顶抛接球 / 108
13. 单手头上抛接球 / 111
14. 单手托球绕环 / 114

Part 10 最新篮球规则解读
1. 篮球场地 / 122
2. 界限 / 123
3. 投篮区域 / 123
4. 记录台和椅子的位置 / 124
5. 比赛的要素 / 124
6. 比赛的时间 / 124
7. 比赛的得分 / 125
8. 违例 / 125
9. 犯规 / 125
10. 技术犯规 / 126
11. 裁判常用手势 / 126
12. 裁判新增手势 / 130
13. 裁判发生变化的手势 / 132
14. 裁判法的变化 / 138

Part 1
投篮

准备课：投篮不要后仰

球星们的后仰投篮看起来很帅，其实那并不是刻意为之，是因为在紧急情况下调整投篮的角度。建议初学者不要追求高难而特意去模仿球星们，一开始学习投篮就频繁后仰。打好基本功才能在赛场上有非凡的表现。

1 持球的方法

持球时手指之间的距离很重要：拇指和食指之间的间隙要约为食指和中指之间间隙的 2 倍。

托着球准备投出的手被称为：投球手。

辅助支撑球的手被称为：辅助手或者扶球手。

辅助手与投球手之间，视个人实际情况，保持 6~9 厘米的距离。

2 持球的位置

瞄篮时,托球手的大拇指对着脸。

角度120°

站在篮下投篮时,托球手臂要伸直一些。

角度90°侧向

3 单手投篮的手臂姿态

投篮手的手腕、小臂、肘关节在一条直线上。

学习窍门分享

- 手和小臂之间形成一个L形；
- 小臂和大臂之间形成一个L形。

4 投篮的准备姿势

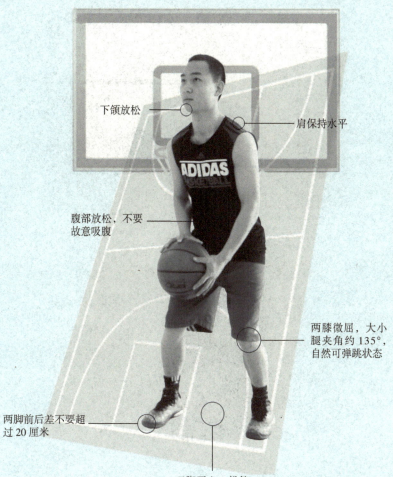

- 下颌放松
- 肩保持水平
- 腹部放松,不要故意吸腹
- 两膝微屈,大小腿夹角约135°,自然可弹跳状态
- 两脚前后差不要超过20厘米
- 双脚开立,投篮手同侧的脚可以稍靠前

5 瞄准篮筐的方法

投篮时不是瞄准整个篮筐,而是瞄准篮筐上的一个具体的点。

6 投篮的弧度

投出的球弧度越高,越容易投入篮筐,弧度太低,球会在碰到篮筐后弹回来。

45°~60°

7 单手投篮

做好投篮准备，托球手上举，食指和中指发力将球拨转投出。

Part 1 投篮

学习窍门分享

- 即便做好了单手原地投篮的动作,也可以随时调整为运球或者传球。根据场上实际情况需要,可以随时调整自己的进攻策略。

8 双手胸前投篮

双脚自然开立,双手持球,肘关节自然下垂。
双脚发力蹬地,双臂上举,身体向前、向上伸展。
双手的食指和中指发力将球拨转投出。

9 行进间单手投篮

行进间上篮是篮球最基本、最常用的技术。

右手投篮时,左腿跨出一大步。

左脚落地后成为支撑脚起跳,右腿屈膝上抬,同时举球至头右侧。

跳起腾空后，上体稍后仰，当身体达到最高点时，右臂伸直，用手腕前屈和手指力量将球拨转投出。

Part 1 投篮

10 行进间单手低手上篮

　　行进间单手低手上篮的步法与行进间单手投篮相同,只是投篮的手形不同。

11 勾手投篮

> **学习窍门分享**
>
> ● 勾手投篮充分利用了腕关节的灵活性,因为身体侧向篮筐,所以可以采用打板入篮的方法,让球先触及篮板,再反弹入篮筐。

投篮手同侧的腿屈膝 90°,异侧腿起跳。

12 篮下突破反手上篮

因为是反手上篮所以需要提前确认好篮筐的位置,以便确定起步的位置。

沿弧线跑向底线，投篮时身体后弓，抬头看向篮筐。采用勾手投篮的方法上篮。

13 投三分球

投三分球更加强调投篮姿势的准确。

Part 1 投篮

双手抓住球的后半部,两脚开立略比肩宽。与投篮手同侧的脚可以略向前15~20厘米。重心不要前移,一定要保持在两脚之间。

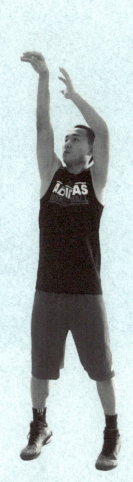

学习窍门分享

- 投三分球需要更加精准的控球技术,投出的球需要又高、又远。

Part 2
护球和无球防守

准备课:护球到底有多重要?

无论多么大牌的球星都不敢忽视护球的重要性。面临防守者的紧盯,过硬的护球能力才能确保手中的球不被抢断。

1 胸前护球

降低重心,两肘张开,护球的同时为运球、传球或投篮做准备。

学习窍门分享

- 为了避免防守者拦截,投篮姿势的护球动作中球应该尽量贴近身体。

2 脚踝侧护球

踝关节附近是身体最低的位置,将球护于此可以有效避开防守者的拦截。

3 膝侧护球

有运球过人打算的时候可以选择膝侧护球作掩护。

4 胯下护球

学习窍门分享

- 护球于胯下,但是脸一定要朝向正前方观察场上动向。让球处于两脚中间,上身呈弯曲状,防守者靠近时,可以直接启动运球过人。

5 头上护球

将球护于头顶上方,与头顶传球的位置类似,可以伺机寻找接应的同伴。

6 腰间护球

当防守者企图伸手打断球时,可以顺势将球护于防守者够不到的一侧腰间。

学习窍门分享

- 从腹部护球提高重心寻找队友时也可以采用腰间护球的方法。

7 无球站立防守

双脚开立,两臂张开,收腹含胸,上体稍向前倾。眼睛始终注视对方队员。

学习窍门分享

- 站立的高度由所防守对方的高度决定。
- 可根据对方的身高、持球位置等调整自身重心高低。

8 无球滑步防守

滑步过程中,张开双臂对对方队员进行防守。

滑步防守过程中也可以移动脚步,跟随被防守的对方。

学习窍门分享

- 滑步不仅可以用来堵截对方的进攻线路还可以抢占有利的位置,而且滑步本身也是一种移动方法,所以在滑步中实施防守可以一举两得。

Part 3

运球

准备课：熟练的运球才能支配得了球

运球是篮球比赛中个人进攻的重要技术，初学时不要盲目模仿街头篮球的风格，因为有些花式运球动作在正规比赛中是违例的。熟练掌握运球才能控制得住球。

1 持球的基本姿势

正面　　　　　　　　　　　侧面

两脚平行，略比肩宽，根据个人习惯也可以将用来投篮那只手同侧的脚略向前迈一点，两脚前后距离15~20厘米。

重心置于两脚中间，处于基本跨立姿势，可以随时准备投篮、移动或者传球。

2 高运球

两肩正对运球方向

上体稍前倾

运球高度约在腰和胸部之间

3 低运球

通过手臂和腿保护球

运球高度在膝和腰部之间

学习窍门分享

- 高低运球是最好的改变方向和节奏的运球技术，带球突破时经常使用。
- 运球高度在膝和腰部之间可以有效减少防守者抢球的可能性。

4 换手运球

先原地练习左右手轮流运球技术。动作熟练后,可以在运球路线上放置多张椅子充当障碍物,接近椅子时快速换手运球绕过。

篮球私人教练100课

学习窍门分享

● 运球不分左右手，两只手都要熟练，运球时尽量降低球的反弹高度，可以明显提高换手的速度。

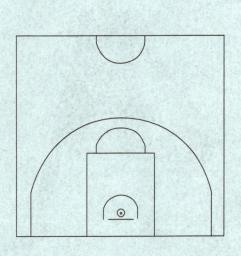

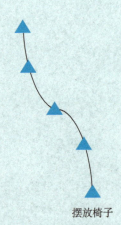

摆放椅子

5 转身运球

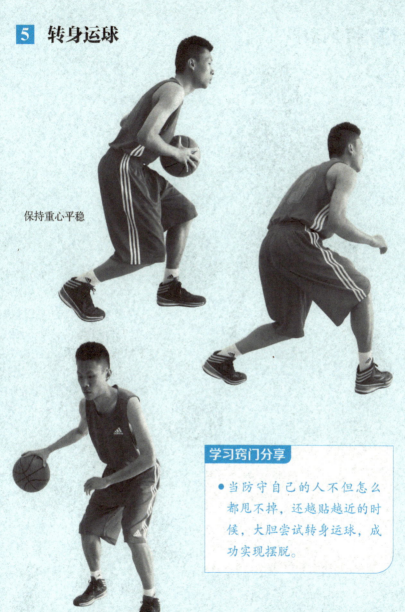

保持重心平稳

转身

学习窍门分享

- 当防守自己的人不但怎么都甩不掉，还越贴越近的时候，大胆尝试转身运球，成功实现摆脱。

6 胯下运球

将球从胯下穿过

Part 3 运球

换成另一只手运球

学习窍门分享

● 让球穿过两腿之间,改变运球的方向。两腿对球有非常好的保护作用,不仅能巧妙躲过防守者的偷袭,变换运球方向的时候也更加安全。

7 背后运球

右手将球转到身后

Part 3 运球

> **学习窍门分享**
>
> ● 把球绕到背后并换另一只手运球改变方向，是篮球运动中最光彩夺目的运球技术动作之一，也是难度较高的技巧。初学者在刚开始学习时应先记住动作方法，反复练习，待熟练之后再在实战中灵活应用。

落地反弹后用左手接球

背后运球是赛场上的法宝，大牌球星也会时常应用。

Part 4

移动步法练习

准备课

移动是在篮球比赛中为了争取攻守主动所采用的各种脚步动作的总称。移动的基本目标就是攻守双方努力争取时间上、位置上和空间上的优势。篮球运动中,移动技术水平和质量是重要的篮球意识评价指标。

1 双脚跳

两膝微屈双脚用力蹬地

双脚开立双手上举

目视前方身体尽量向上跳起

2 单脚跳

在跑动中,起跳脚的脚跟先着地,再过渡到全脚掌踏实。起跳过程中提腰、提肩,手臂上举辅助提升身体高度。

起跳脚

学习窍门分享

● 一般情况下,单脚起跳的高度比双脚起跳高。

你知道吗?

跳主要指向各个方向的助跑及原地起跳等,与通常的跳跃不同的是:篮球场上需要随时随地能向前、后、左、右、垂直等各个方向跳起及连续跳跃,而且起跳动作往往是在对手的干扰、对抗和破坏下完成的。

3 跨步急停

降低重心，上身后仰

落地时脚尖内扣

向前跨出一大步

学习窍门分享

- 跨步急停时两脚分先后落下，只可以先落地脚为中枢脚做动作。

4 跳步急停

跑动过程中单脚（或者双脚）起跳

双脚平行（也可以一前一后）落地

落地时上身后仰、脚尖内扣

学习窍门分享

● 跳步急停是双脚同时落地，落地后除了投篮以外，还可以以任意脚作为中枢脚做转身跨步等动作。

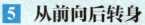

5 从前向后转身

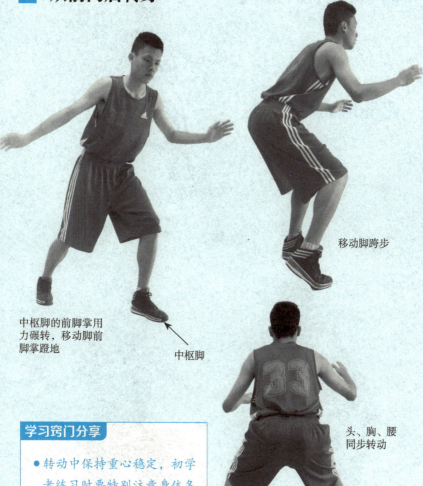

移动脚跨步

中枢脚的前脚掌用力碾转，移动脚前脚掌蹬地

中枢脚

头、胸、腰同步转动

学习窍门分享

- 转动中保持重心稳定，初学者练习时要特别注意身体各部位在转身中的用力顺序。

6 从后向前转身

学习窍门分享

- 身体转动过程中要保持重心稳定。

中枢脚前脚掌碾地

中枢脚

移动脚向身体侧后方移动

腰部发力使身体扭转

7 侧身跑

上身转向来球的一侧

脚尖朝向跑动前进的方向

学习窍门分享

- 摆脱对方队员、抢占进攻位置或者侧向接球的时候常采用侧身跑。

8 滑步

学习窍门分享

- 滑步移动过程中，两脚始终保持跨步距离。

滑步的基本姿态

双臂张开

Part 4 移动步法练习

移动时前脚脚尖指向移动方向

前脚移动，后脚跟进

9 后撤步

后撤时中枢脚脚尖碾转

中枢脚

Part 4 移动步法练习

移动脚脚尖蹬地、
扭转后再落地

学习窍门分享

- 后撤步身体转动过程中,身体扭转主要靠腰部发力。

Part 5

传接球

准备课：传球是队员间沟通的纽带

篮球是一项团队项目，队员间的传球是篮球的基本技术，传球时要将球有目的地进行转移，采用何种方式传球取决于场上的实际情况。传球常被称为进攻队员在场上相互联系和组织进攻的纽带。

1 传球接球的手形

五指分开

握球的手形

手握住球的侧后部

手心空出

2 双手胸前传球

准备传球时双手握球置于胸前,手肘自然放松

脚蹬地发力,上体前倾

食指、中指将球拨转传出

侧面动作展示：

3 头顶传球

双手指尖朝后，小臂向后弯曲

对准要传球的方向，后脚蹬地双臂伸直前展

食指、中指、无名指发力将球拨转传出

4 头顶跳起传球

双手胸前持球

向上跳起

身体达到最高点的时候将球传出去

Part 5 传接球

5 反弹传球

> **学习窍门分享**
>
> - 当自己无法摆脱对手阻挡需要将球传给队友时，可以采用反弹传球的方法。
> - 尽量将球传到队友腰部至胸部高度，便于队友接球。

准备传球时以眼神示意队友

调整身体位置，运球手臂肘关节外摆

将球传出

63

6 长传球

> **学习窍门分享**
>
> ● 长传球因为传球距离远，且球速快，特别适合在打快攻时使用。

身体向支撑腿一侧倾倒，单手托球

支撑腿乏力蹬地

Part 5 传接球

托球手臂伸展

展腰发力将球传出

7 勾手传球

单手托球，托球手臂伸直

食指、中指、无名指的力量将球拨转传出

学习窍门分享

- 传球手臂做以肩为圆心，手臂长度为半径的画圆动作。

8 背后传球

手绕到背后

在腰后传球

学习窍门分享

- 与正面传球相比隐蔽性强,更强调瞬间爆发力,初学者需要经过反复练习才能掌握。

9 双手胸前接球

面向来求方向张开双臂，手肘微屈

接球后触球部位由手指过渡到手掌

Part 5 传接球

接球后屈肘缓冲

将球牢牢地控制在胸前

10 摆脱接球

学习窍门分享

- 在被对方防守时可以通过做假动作的方法暂时摆脱防守，接队友的传球。

先向无球方向晃动

做假意前行的假动作

Part 5 传接球

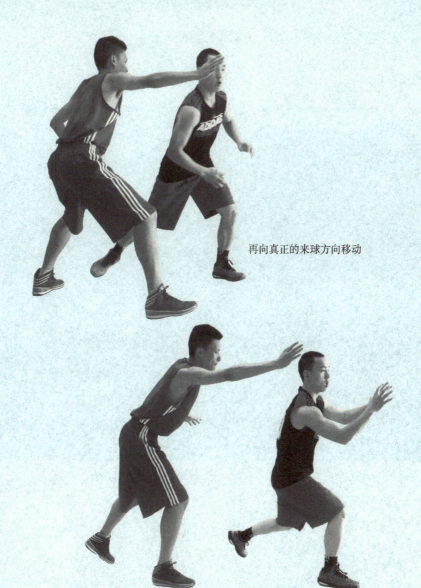

再向真正的来球方向移动

张开双臂做接球的准备

Part 6
抢球和断球

1 转身抢位接球

迎着来球方向张开双手准备接球。
抢到球后迅速向预想进攻方向转身。

2 抢篮板球

绕到对方球员身前卡位

学习窍门分享

- 不管对手还是队友投篮时,要提前判断篮球的运行路线,以及砸到篮板或篮筐后弹出的路线。选择合适的时机起跳,即篮球刚脱离篮筐或篮板,处于下落过程中时立即起跳抢篮板。

3 断球

侧向出击,判断来球方向和高度

迅速跑动

Part 6 抢球和断球

学习窍门分享

● 准确的抢断球可以破坏对方的进攻，也能鼓舞我方士气。

双臂张开，迎接来球，迅速抢断

4 抢球

看准时机发动

Part 6 抢球和断球

趁对方球员不备,将球抢过来

5 打断球

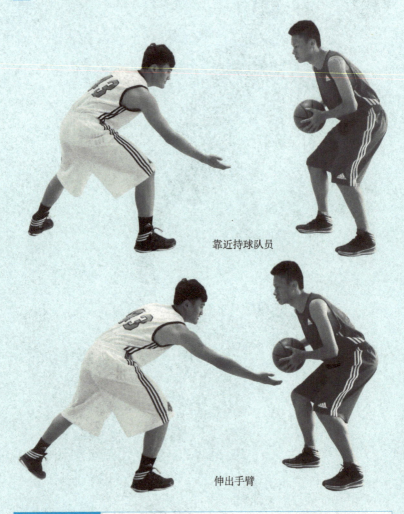

靠近持球队员

伸出手臂

学习窍门分享

- 打断球除了从下向上，也可以向左或者向右。

Part 6 抢球和断球

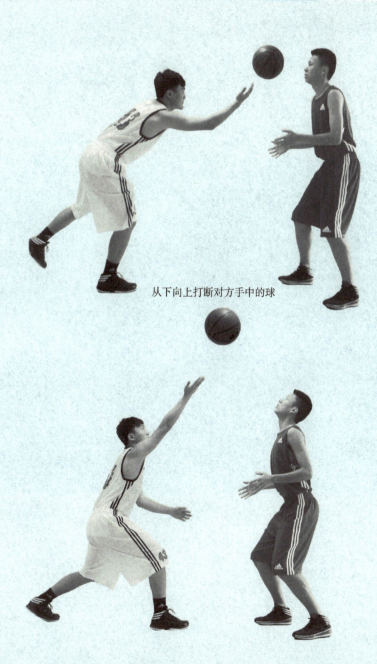

从下向上打断对方手中的球

Part 7

假动作和突破

准备课

假动作是篮球运动中最重要的动作之一,有球的假动作、球员身体的假动作和球员脚部的假动作多种,针对不同的情况,可以灵活选用或者组合使用。

1 球的假动作

头上传球胸前传球反弹传球

Part 7 假动作和突破

学习窍门分享

● 做各种传球或者运球的假动作时,一定要确保球不离手。

低手运球,左右手交替运球

2 身体的假动作

升高和降低重心的假动作

学习窍门分享

- 通过身体的晃动、扭转、摇摆等方式迷惑对手。

Part 7 假动作和突破

扭转身体的假动作

晃动球的假动作

3 脚部假动作

中枢脚不动,活动脚任意向前、后、左、右移动。

左脚为中枢脚,假动作时保持不动

向任意方向转动右脚

4 综合应用假动作

将球的假动作和人身体、脚部的假动作进行组合。

Part 8
突破技术

1 转身突破

中枢脚

Part 8 突破技术

背对球篮和防守者以左脚为轴做前转身,右脚随着转身向球篮方向跨出,左肩向防守者的一侧下压右手推放球后左脚蹬离地面向前跨出,超越对手。

学习窍门分享

- 当对手贴身防守或背对篮筐接球时,可结合后转身、投篮等动作突破对手。
- 重心要稳,跨步、蹬地、运球动作连贯。

2 顺步突破

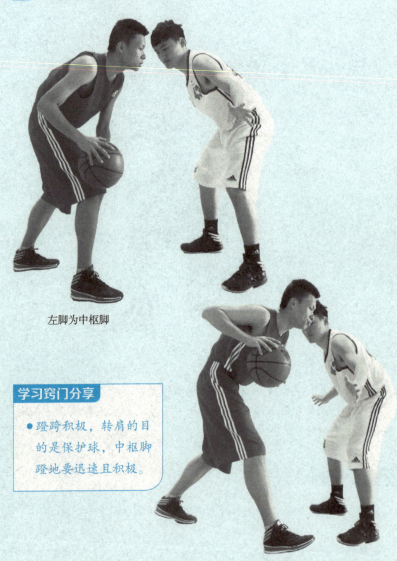

左脚为中枢脚

右脚向右前方跨出一步

学习窍门分享

● 蹬跨积极，转肩的目的是保护球，中枢脚蹬地要迅速且积极。

Part 8 突破技术

右手运球

向右转体探肩,重心前移

左脚前脚掌迅速蹬地,向右前方跨出,突破防守

3 交叉步突破

左脚为中枢脚

靠近防守队员,屈膝降低重心

身体向右虚晃做假动作

学习窍门分享

- 与顺步突破相比,交叉步突破的动作幅度较大,所以速度要慢些。

Part 8 突破技术

用身体挡住防守队员

右脚前脚掌用力蹬地，向左转体探肩

以左脚为中枢脚，迈右脚向右侧突破，就是顺步突破，往左侧突破，就是交叉步突破。

从防守队员的左侧突破

Part 9

体育加试特别指导

1 考试路线安排

篮球绕标志物往返运球测试的方法是：20米往返运球，绕相隔1米的双排标志物，标志物高不低于1.20米，以时间快慢决定成绩。

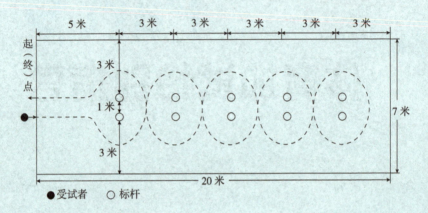

2 考试器械要求

测试器材：秒表、发令哨、30米卷尺、标志杆10根（杆高不低于1.2米）、篮球。

篮球的规格：6号球（重量为510~567克，周长为72.4~73.7厘米）。

3 评分标准

男　生

成绩	9″4	10″8	12″8	13″5	14″5	15″8	17″7	18″7	20″8
分数	100	95	90	85	80	75	70	65	60

女 生

成绩	12″	13″1	14″8	16″2	18″2	20″6	22″2	23″3	27″1
分数	100	95	90	85	80	75	70	65	60

4　违规判定

考生以下行为属于犯规行为：
（1）出发时抢跑。
（2）运球过程中双手同时触球。
（3）运球高度超过考生肩部。
（4）膝盖以下身体部位触球。
（5）"翻腕"、"托球"等其他规则不允许的违例行为。
（6）漏绕标志杆。
（7）碰倒标志杆。
（8）考试期间，人或球出测试区域。
（9）通过终点时人球分离(考生到达终点的瞬间，必须单手或双手触球)。

5　标志杆和替代物

考试用标志杆要求杆高不低于1.2米，对于刚开始练习又没有什么篮球基础的人来说，想不碰倒有些困难。再加上除非特意购买，用于考试的标准标志杆也并非家家都有。可以寻找身边常见的可充当标志杆的东西模拟练习，比如轮滑路障、啤酒瓶等。

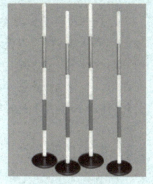

考试用标志杆

轮滑路障　　　　　　　啤酒瓶

6　身体素质训练

身体素质提高要从力量、速度、灵敏和协调性练习入手。要提高全身的力量，如躯干力量和四肢力量。躯干力量主要练习腹肌和腰背肌，练习方法采用仰卧起坐、仰卧两头起等方法；腰背肌可采用俯卧两头起、负重体前屈等方法；上肢力量最简单的练习方法就是俯卧撑，下肢力量可练习各种跳跃，如单足跳、收腹屈腿跳等。力量练习每周 1~2 次，每次 2~3 组，每组的运动量要控制在中等强度，并循序渐进，比如极限强度能做 30 个俯卧撑，那么练习时每组 20 个，做 3 组就可以了。组间休息时间不宜过长，5 分钟足矣。

7　柔韧度和协调性练习

运球往返主要以短跑的速度为主，考生练习力量、柔韧、灵敏、协调性都是为了提高短跑速度。练习中多以 30~50 米的加速跑和冲刺跑为主，在起跑时练习反应和灵敏度；可采用多种姿势的起跑练习，如背向、坐姿、蹲姿等起跑练习。协调性的提高可采用各种跳绳的练习和徒手操的练习。

8　熟悉球性

反复练习各种原地运球技巧（单手、换手、高运、低运球等）

Part 9 体育加试特别指导

和行进间的各种运球方法,速度一定要由慢到快。掌握了原地和行进间的运球方法后,围绕考试项目专门练习运球绕标志物,练习时重心要低,运球行进过程中眼睛一定要看着前进的方向,而不要死盯着球。熟悉球性练习的方法可参考如下几种。

9 双手拨球

双脚开立,两手间距约与肩同宽,两手交替拨球。

以单手触球计数,20次为1组,练习5组。

特别指导

● 感受手指触球的感觉。

10 环绕身体交接球

双脚开立,右手在腰侧抱球,从身后将球交给左手。左右交替进行,每侧练习10~20圈。

Part 9 体育加试特别指导

特别提示

- 初学时球可以贴着身体,熟练之后尽量靠一只手控制球。
- 除了在腰部进行绕环外,还可以环绕脖子、膝盖、脚踝进行练习。

11　8字绕环

双脚开立，屈膝半蹲。双手将球绕着膝关节，在两腿之间做"8"字绕环。

从左侧开始和从右侧开始交替练习，每侧练习10~20圈。

Part 9 体育加试特别指导

特别指导

● 刚开始练习的时候可以低头看球,动作熟练后要目视前方。

12 双手过顶抛接球

双脚开立,双手持球。
将球向头顶上方抛起,双手在身后接球。

Part 9 体育加试特别指导

特别指导

- 球抛起后可以稍抬头用目光瞄准下落方向。
- 接球的时候可以屈膝缓冲。

13 单手头上抛接球

双脚开立,双臂体侧张开。

右手将球抛起,使球在头顶达到最高点,左手在身体另一侧接球。

左右交替进行,每侧练习 10~20 次。

Part 9 体育加试特别指导

特别指导

- 球从抛起到另一只手接住的路线中,头顶处达到最高点。
- 眼睛始终盯住球。

14 单手托球绕环

双脚开立,右臂屈肘,右手单手托球,从腰部斜前侧开始单手托球经腋下,直臂翻转至头顶斜上方,再翻腕变成右臂斜上举托球。

左右交替进行,每侧练习 3~5 次。

Part 9 体育加试特别指导

特别指导

- 托球绕经腋下时,肘关节外展后再上提,同时手掌托球内旋。
- 开始练习的时候球容易掉,可以先重点练习容易掉球的环节,再整体练习。

Part 9 体育加试特别指导

Part 9 体育加试特别指导

Part 10
最新篮球规则解读

1 篮球场地

比赛场地应是一块平坦、且无障碍物的硬直表面。其尺寸是长28米、宽15米，从界线的内沿丈量。

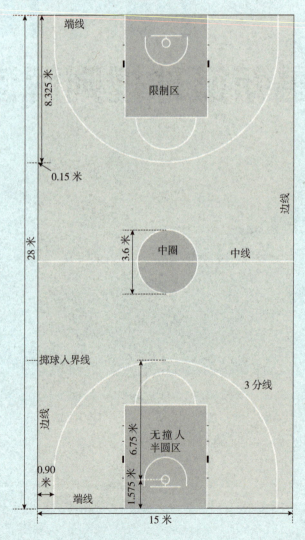

Part 10 最新篮球规则解读

2 界限

比赛场地由两条端线和两条边线组成的界线所限定。这些线不是比赛场地的部分。任何障碍物包括在球队席就座的人员距比赛场地应至少2米。

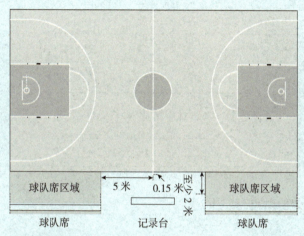

3 投篮区域

某队的3分投篮区域是除对方球篮附近被下述条件限制出的区域之外的整个比赛场地的地面区域。

4 记录台和椅子的位置

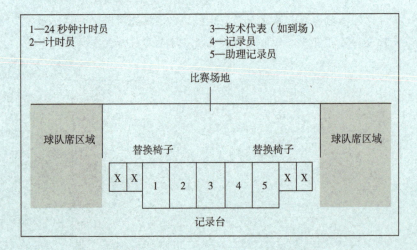

5 比赛的要素

- 10名运动员（场上5名，替补5名）；2名裁判员；1名计时员；1名24秒钟计时员；1名记录员；1块计分板；1个24秒钟装置；2个替补席。
- 每场比赛分为4节，每节的净比赛时间为12分钟，每两节为一个半场，全场时间安排为：第1节——休息2分钟——第2节——休息10～15分钟——第3节——休息2分钟——第4节。
- 每个球队有5次暂停的权利，上半场2次，下半场3次。
- 控球队可以在任何一次比赛中断时换人，换人必须到记录台登记。

6 比赛的时间

- 一次进攻必须在24秒钟内完成。

- 8秒钟内进攻方必须把球运到前场。
- 5秒钟内持球队员必须将界外球发出。
- 篮圈下禁区内进攻队员最多能够停留3秒钟。

7 比赛的得分

- 近距离或中距离投篮命中得2分。
- 3分线以外投篮命中得3分。
- 罚球投篮命中得1分。

8 违例

- 双手运球。
- 运球时手放于球下方。
- 持球后运球时,将球拿住后又开始运球。
- 持球在手的时间超过球两次接触地的时间。
- 支撑脚抬起后才开始运球。
- 停步的时间超过球两次触地的时间。

9 犯规

- 1名队员因为与另外1名队员产生接触而使其受阻(投篮、运球、移动或者静止)。
- 1名队员冲撞另1名队员。
- 队员间发生拉扯。
- 非法用手。
- 进攻方队员跑着撞在原地静止的防守方队员身上,则控球队犯规。

10 技术犯规

- 有不尊重裁判的行为。
- 故意拖延比赛时间。
- 有挑衅性言语或手势。
- 替补队员非法进入比赛场地。
- 教练员有无理举动。

11 裁判常用手势

- 队员号码表示。

5号　　　　　6号　　　　　7号

8号　　　　　　23号

Part 10 最新篮球规则解读

● 其他手势

24秒违例　　　　取消得分，或取消比赛　　　　暂停

替换　　　　　　招呼入场　　　　　　非法用手

双方犯规　　　　　　　　犯规停止计时钟

Part 10 最新篮球规则解读

● 裁判手势

争球/跳球情况

3秒违例

非法运球：携带球

非法运球：两次运球

12 裁判新增手势

(1) 媒体暂停

张开双臂,紧握拳头。

(2) 用手推挡

抓住手掌向前移动。

(3) 对手的非法接触

掌击另一只前臂。

(4) 击头

模仿拍击头部。

> **特别提示**
>
> - 常用于投篮动作中接触发生在手臂上。

（5）宣判犯规后的动作
- 对投篮动作的犯规

单臂握拳举起，随后指示罚球次数。

- 对非投篮动作的犯规

单臂握拳举起，随后指向地面。

13　裁判发生变化的手势

（1）犯规停表手势　　（2）替换

一拳紧握。

旧规则：一拳握紧，另一掌心向下指犯规者腰部。

需先做停表手势，再前臂交叉。

旧规则：直接前臂交叉。

（3）暂停

需先做停表手势，再双手成"T"字形，用食指表示。

旧规则：直接双手成"T"字形，用食指表示。

Part 10 最新篮球规则解读

> 特别提示
>
> ● 新规则暂停手势的指示位置在胸前。

（4）可见的计算

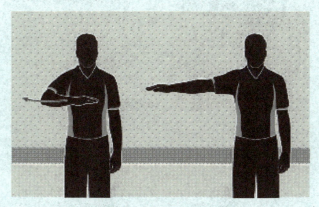

挥动手掌计数。
旧规则：手指显示计数。

（5）比赛方向和/或出界

指向比赛方向，手臂与边线平行，两只手指指示。

旧规则：一只手指指示。

（6）争球/跳球情况

先做停表的手势，再两拇指向上，指向拥有箭头方向。

旧规则：双手拇指向上，随后手指指向交替拥有箭头的方向。

（7）3秒钟

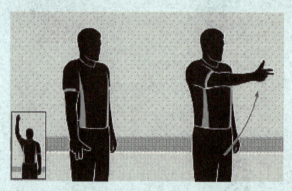

先做停表手势，再一手伸出三个手指，然后从体侧大腿处抬起到身前。

旧规则：伸出手臂，指示3指。

特别提示

● 新规则中3秒违例手势明确了一手伸出三个手指，然后从体侧大腿处抬起到身前。

(8) 球回后场

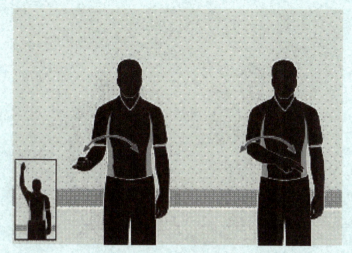

先做停表手势,再身前摆动手臂。

旧规则:摆动手臂,以食指来回指前后场。

(9) 队员的号码(0、00、16～19、20以上)

新旧规则差异:

新规则:允许使用0、00和1～99号。

旧规则:只允许使用4～15号。

特别提示:新号码的手势图见规则与原手势的区别在于,16～19号的打法分两个节拍与20以上的号码打法统一起来,但原10～15号打法不变。

- 00号和0号

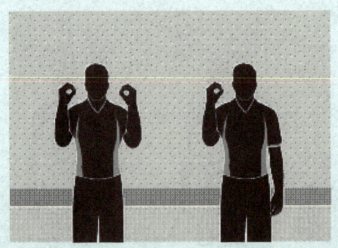

- 16号

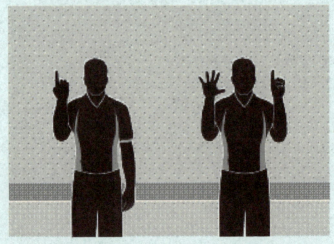

首先手背朝外示1号代表十位数；然后手掌朝外示6号代表个位数。

Part 10 最新篮球规则解读

- 24号

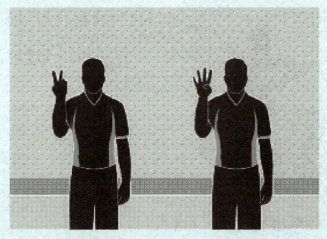

首先手背朝外示2号代表十位数；然后手掌朝外示4号代表个位数。

（10）非法用手

先做停表手势，再击打腕部。
旧规则：以拳击掌的腕部。

特别提示

- 非法用手常用于接触发生在腰部及以下的犯规情形。

（11）技术犯规

先做停表手势，再双手手掌成T字形。

旧规则：双手手掌成T字形。

> **特别提示**
> - 新规则的技术犯规裁判手势有变化。
> - 旧规则：手心向外。
> - 新规则：手心向侧。

14 裁判法的变化

提醒哨：当在前场的端线执行掷球入界时，执行裁判员应在球置于掷球入界队员可处理球前鸣哨。

方法及要领：

（1）指明掷球入界地点。

（2）确保掷球入界队员在正确的地点。

（3）在球置于掷球入界队员可处理之前鸣哨。

（4）将球反弹或递交给掷球入界队员。

（5）只在前场端线掷球入界时有效。